Daniel F. E. Auber

Der Maurer und Schlosser

Oper in 3 Akten

Daniel F. E. Auber

Der Maurer und Schlosser
Oper in 3 Akten

ISBN/EAN: 9783743354784

Hergestellt in Europa, USA, Kanada, Australien, Japan

Cover: Foto ©Thomas Meinert / pixelio.de

Manufactured and distributed by brebook publishing software (www.brebook.com)

Daniel F. E. Auber

Der Maurer und Schlosser

Der Maurer und Schlosser.
Oper in 3 Akten
von
D. F. E. AUBER.

			Pag.
Ouverture............................			1.

ERSTER AKT.

N° 1.	Introduction.	Welche Lust, welches Glück!.......... Quel bonheur, quelle ivresse!—	„	4.
„ 2.	Rondo.	Auf! Handwerksmann!............ Bon ouvrier!—	„	10.
„ 3.	Scene und Chor.	Ihr Herrn! dort im Saale.......... Messieurs! dans la salle —	„	12.
„ 4.	Ariette.	Ja, er ging' fort aus seinem Haus.... En sortant d'chez moi, je sais bien —	„	13.
„ 5.	Quartett.	Seh' ich recht, gnädger Herr.......... Quoi monsieur, est-ce vous —	„	14.
„ 6.	Duett.	Ich muss fort, ich muss fort.......... Je m'en vas, je m'en vas —	„	19.
„ 7.	Finale.	Es ist umsonst, man lauscht.......... Finissez donc, car on vient —	„	22.

ZWEITER AKT.

N° 8.	Entreacte und Chor.	Einen Augenblick mög' der Kummer... Un instant, mes soeurs, oublions —	„	28.
„ 9.	Romanze.	Der gefangenen Zelmire............ A sa jeune captive —	„	30.
„ 10.	Arie.	Ach! überall................. A chaque instant —	„	31.
„ 11.	Melodram.		„	32.
„ 12.	Duett.	Keine Rast, angefasst............ Dépêchons, travaillons —	„	33.
„ 13.	Romanze.	Hier soll ich sie sehn............ Elle va venir —	„	37.
„ 14.	Duett.	Komm, folg' mir!............... Viens, partons! —	„	38.
„ 15.	Finale.	Bleibt, Unglückliche, bleibt.......... Malheureux, arrêtez —	„	40.

DRITTER AKT.

N° 16.	Zwischenmusik...........................		„	46.
„ 17.	Arie.	Ach! an meine Ehe............ Ah! sur notre Hymen —	„	47.
„ 18.	Chor.	An dem ersten Ehstandsmorgen.... Au lever de la mariée —	„	49.
„ 19.	Zankduett.	Ja, Madam Bertrand............ Allons encore, Madame —	„	50.
„ 20.	Arie.	Ach! meine Wangen glühn.......... Oui, ma tête est brûlante —	„	53.
„ 21.	Finale.	Gewalt'ger Lärm im Viertel hier.... Dans le quartier quelle rumeur —	„	56.

ERSTER AKT.
No 1. Introduction.
Welche Lust, welches Glück! —
Quel bonheur, quelle ivresse! —

No 2. Rondeau.

Auf! Handwerksmann! —
Bon ouvrier!

Allegro non troppo.

N.o 3. Scene und Chor.

Ihr Herrn! dort im Saale...
Messieurs! dans la salle...

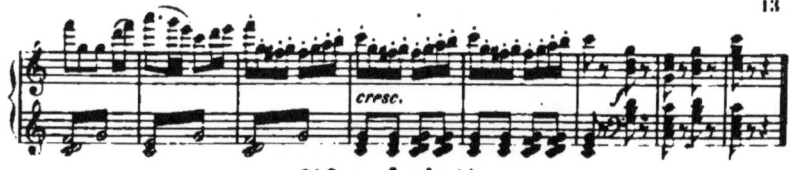

N⁰ 4. Ariette.

Ja, er ging fort aus seinem Haus.
En sortant d'chez moi je sais bien.

Allegro non troppo.

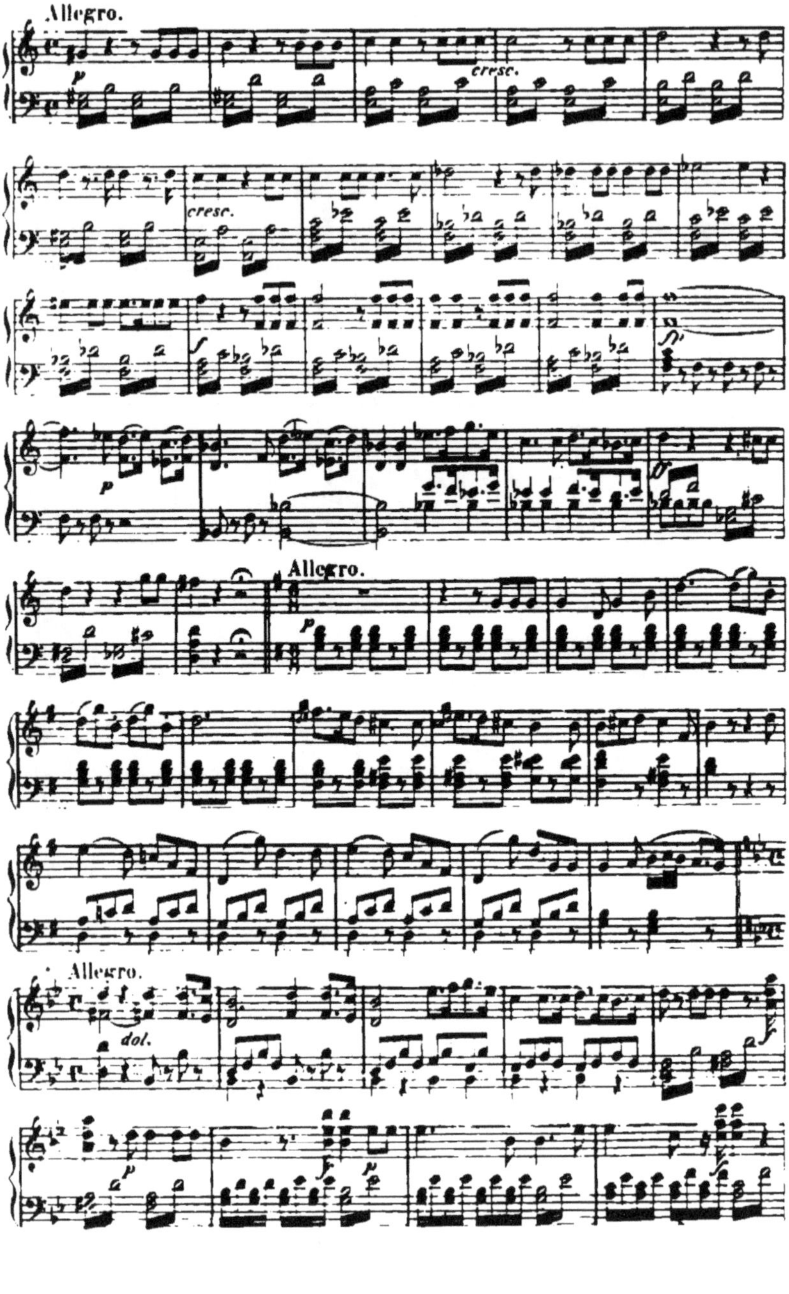
Allegro.
p
cresc.
cresc.
p
Allegro.
p
Allegro.
dol.
p

No 6. Duetto.

Ich muss fort, Ich muss fort —
Je m'en vas, je m'en vas —

Andante con moto.

N⁰ 10. Arie.

Ach! überall —
A chaque instant —

N⁰ 11. Melodram.

No 12. Duetto.

Keine Rast, angefasst —
Dépêchons, travaillons —

Allegro con brio.

N° 13. Romanze.

Hier soll ich sie sehn —
Elle va venir —

Andante con moto.

N⁰ 14. Duetto.

Komm, folg' mir!
Viens, partons!

Allegro vivace.

N.º 15. Finale.

Bleibt, Unglückliche, bleibt —
Malheureux, arrêtez —

L'istesso tempo.

DRITTER AKT.
N⁰ 16. Zwischenmusik.

N.º 18. Chor.
Au dem ersten Ehstandsmorgen.
Au lever de la mariée.

Allegro ma non troppo.

No 20. Arie.

Ach! meine Wangen glühn —
Oui, ma tête est brûlante —

№21. Finale.

Gewalt'ger Lärm im Viertel hier_
*Dans le quartier quelle rumeur_*